모든 점은
결국 별이 된다

모든 점은 결국 별이 된다

발행일	2025년 12월 22일
지은이	양범
펴낸이	손형국
펴낸곳	(주)북랩
출판등록	2004. 12. 1(제2012-000051호)
주소	서울특별시 금천구 가산디지털 1로 168, 우림라이온스밸리 B동 B111호, B113~115호
홈페이지	www.book.co.kr
전화번호	(02)2026-5777 팩스 (02)3159-9637
ISBN	979-11-7224-984-7 04810 (종이책) 979-11-7224-985-4 05810 (전자책)
	979-11-7598-042-6 04810 (세트)

잘못된 책은 구입한 곳에서 교환해드립니다.
이 책은 저작권법에 따라 보호받는 저작물이므로 무단 전재와 복제를 금합니다.
본 도서는 (주)북랩이 보유한 리코 인쇄 장비 등 자체 생산 인프라를 통해 제작되었습니다.

작가 연락처 문의 ▶ ask.book.co.kr

전용 게시판에 문의를 남기시면 저자에게 직접 전달됩니다.

(주)북랩 성공출판의 파트너

북랩 홈페이지와 SNS에서 다양한 출판 솔루션을 만나 보세요!

홈페이지 book.co.kr   •   **블로그** blog.naver.com/essaybook   •   **출판문의** text@book.co.kr
카톡채널 북랩

범필로그
산문시집 1집

모든 점은
결국 별이 된다

양범 지음

당신의 서랍 속, 오래 묻어둔 점點이
별빛이 되어 살아나는 순간

북랩

작가의 말

· × ✸ × ·

오래도록 닫아두었던 서랍을 열었습니다.

그 안에는 먼지 쌓인 시간과, 잊고 싶었던 날들의 눅눅한 냄새, 어머니의 구르마가 삐걱이는 소리와 아버지의 서늘한 침묵이 뒤엉켜 있었습니다.

이 시들은 그 서랍 속에 살던 저의 다른 얼굴들입니다.

애써 지우려 할수록 더욱 선명해지던 흉터의 기록이자, 어제와 화해하지 못한 채 서성이는 그림자들입니다. 어떤 페이지는 부끄러워 태워버리고 싶었고, 어떤 페이지는 아파서 차마 다시 들여다볼 수 없었습니다.

그들을 세상 밖으로 내보내지 않고서는, 내가 숨 쉴 수 없었기 때문입니다. 이름을 불러주지 않으면 상처는 영원히 과거를 떠돌기 때문입니다.

가만히 호명하고, 들여다보고, 껴안아 줄 때 비로소 흉터는 어제의 내가 아닌 오늘의 나를 지탱하는 단단한 굳은살이 되어준다는 것을, 저는 아주 늦게서야 깨달았습니다.

혹시 당신의 마음속에도 꼭 닫아둔 서랍 하나가 있다면, 이 서툰 고백들이 그 서랍을 여는 아주 작은 열쇠가 되기를 바랍니다. 거창한 위로는 아니더라도, 당신의 가장 외로운 시간에 잠시 함께 앉아주는 못난 친구라도 될 수 있다면 더 바랄 것이 없겠습니다.

이 책을 덮을 때, 당신이 당신에게 '잘 버텨왔다, 이만하면 되었다'고 다정히 속삭여줄 수 있다면, 시인으로서 제 시가 닿을 수 있는 가장 먼 항구에 닿는 셈입니다.

어느 가을,
당신의 길 위에서, 또 다른 서툰 항해사가.

목차

작가의 말 ··· 4

제1부 잿빛 점들의 기록

백색화상(白色火傷) ··· 13

구르마 ··· 17

숟가락이 무거웠다 ··· 19

낯선 사람 ··· 21

빈 집 ··· 23

문밖의 세상 ··· 25

흩어진 섬 ··· 27

빛바랜 스케치북 ··· 30

가시나무새 ··· 32

500원과 빵, 그리고 별 하나 ··· 34

첫, 색(色) ··· 36

차가운 벽에 부딪혀 부서진 것은 ··· 38

제2부 짠맛 나는 왕관을 쓰다

스페어 처리의 기술 ··· 45

줄 타는 남자의 고백 ··· 48

내 몸 사용 설명서(ver. 49) ··· 52

나의 구질구질한 신(神)에게 ··· 55

마음의 뚜껑 ··· 59

나라는 이름의 알고리즘 ··· 62

벼랑, 그 아래 ··· 65

끊어진 다리 ··· 67

거울 앞에서 ··· 69

아버지의 부고(訃告) ··· 71

제3부 당신이라는 인력(引力)

이 지독한 생을 한번 살아볼 만하겠다고 ··· 77

당신이라는 집 ··· 79

나의 모든 계절은 당신이었습니다 ··· 81

찻잔이라는 우주 ··· 85

엄마는 배가 불렀다 … 87

부치지 못한 편지 … 93

횡성수설(橫城絮說) … 96

세상과 가장 먼 집 … 100

너는 나의 산이었다 … 102

나의 첫 이별 연습 … 104

조용한 행성 … 107

너의 강물에게 … 109

등대 … 112

빚진 자들의 저녁상 … 116

어떤 아버지로 … 119

제4부 모든 점을 껴안고

B612호(號) 행성 관리인의 독백 … 123

사계절의 변명 … 127

나의 작가들 … 136

어느 늦은 오후, 필로소피아를 산책하다 … 138

나의 서툰 항해 일지 … 144

흉터는 상처가 아문 자리다   ··· 148
나의 이름은   ··· 151
소년에게   ··· 153
마흔아홉, 나의 모든 날들에게   ··· 155
살아내는 것, 나의 희망가   ··· 157

[범필로그] 레테의 강을 건너, 세상의 끝으로   ··· 160

제1부

잿빛 점들의 기록

첫 번째 서랍을 열며

 거칠고 찢긴 채 펼쳐진 여정 위에, 한 남자의 첫 점이 찍힌다. 잉크처럼 번진 유년의 흉터와 지워지지 않는 잿빛 얼룩. 이 서툰 점이 어떻게 밤하늘의 별자리가 되는지, 그 아프고도 미련한 시작의 첫 장(章)을 이제, 당신과 함께 조용히 넘긴다.

백색화상(白色火傷)

제1부 잿빛 점들의 기록

강원도 고한,
개미 새끼 한 마리 얼씬 않는
폐광 아가리 앞에, 나는 선다.
바람에선 서늘한 쇠 냄새가 났다.

어머니는 그 캄캄한 구멍 앞에서
너저분한 포장을 쳤다.
탄가루 뒤집어쓴 시커먼 사내들의 허기가
국밥 그릇 위에서 부글부글 끓었다.

취객의 고성이 욕설과 엉겨 붙던 밤,
엎어진 석유 등불이 짐승처럼 널빤지를 물어뜯었다.

어머니는 짐승이었다.
맨발로, 그걸, 걸어찼다.
불이 살점을 물고 늘어졌다.
어머니는, 소리를 먹었다.

평생 어머니는 치마를 입지 않았다.
그녀의 오른쪽 다리엔,

어둠 속에서 돌아오지 못한 사내들의 이름 같은
검붉은 빛이 새겨졌다.

개뿔도 몰랐다.
내 유년의 그 구질구질한 온기가,
당신의 타들어 간 살점에서
나온 것이었다니.
나는 당신의 살을 파먹고 자란
뻔뻔한 새끼였다.

그래서 나는 지금도
글자 대신 굳은살을 뱉어낸다.
어머니의 그 흉터 앞에서
내 모든 문장은

무릎을 꿇는다.

살 타는 냄새, 여적 지워지지도 않는데.

구르마

바퀴는, 젖은 새벽 아스팔트를 핥으며 갔다.
어머니의 새벽보다 먼저 깨어나 울던
낡은 쇠붙이의 신경질적인 흐느낌.
자갈 위에서는 자르르, 시멘트 바닥에선 끼익,
세상의 모든 어둠을 싣고도
수평을 잡지 못하던 어머니의 생(生)이
덜컹, 하고 길의 모서리에 부딪힐 때마다
나는 잠결에도 몸을 뒤척였다.
그 삐걱임은 내 늑골 사이로 스며들었다.

어머니는 커피를 끓여 새벽을 팔았고,
나는 그 쓰디쓴 향에 취해 유년을 건넜다.

수레 위에는 보온병과 설탕, 프림, 종이컵들,

그리고 내가 모르는 어머니의 표정이 실려 있었다.

그 작은 수레가 밀고 간 것이

비단 몇 근의 생계가 아니라

어머니의 무르팍 연골과 맞바꾼

나의 내일이었다는 것을

너무 늦게 알았다.

이제 그 소리는 멎었지만

조수석에서 빛나는 눈으로

딸애가 내 낡은 손등을 가만히 들여다볼 때,

내 손목 안에서

어머니의 구르마가 다시 수평을 잃고

덜컹, 녹슨 바퀴를 갈며 운다.

숟가락이 무거웠다

숟가락이 무거웠다.
밥보다 먼저 눈치를 떠먹던 외갓집 저녁.
수저가 사기그릇에 부딪히는
그 서슬 퍼런 소리 한 번에
명치끝이 쿵, 하고 내려앉았다.
뜨거운 김이, 울음처럼 눈을 찔렀다.

소리 내어 울 방 한 칸이 없었다.
세상에서 가장 따뜻했던
어머니의 손은 여기에 없었다.
나는 그 밥상머리에서
밥알 하나하나가 돌멩이라도 되는 것처럼

목구멍 아래로 소리 없이 넘기는 법을 배웠다.

이제는 아내에게, 딸들에게
차마 꺼내지 못한 말들을
남은 밥과 함께 꾹, 눌러 삼키는 늦은 밤.

밥알을 세다, 별을 세다
잠들지 못하던 그 밤의 아이가
여전히 내 안에서,
그 무거운 숟가락을 들고 있다.

낯선 사람

어느 날, 낯선 사람이
내 그림자 옆에 자신의 그림자를 포개었다.
세상은 그를 아버지라 불렀지만
나는 그 이름이 어색해, 공책 귀퉁이에
썼다 지우기를 반복했다.
그의 술 냄새와 기침 소리에
내 방문의 삐걱임마저 그를 닮아갔다.

그가 온 뒤로 어머니의 웃음이 지워졌다.
전기가 끊긴 밤이면
두 개의 그림자는 어둠 속에서 짐승처럼 싸웠고
나는 굳어가는 촛농 위에

내 작은 그림자를 묻었다.

소리 없이, 혼자가 되게 해달라고 빌었다.

그는 끝내 아버지가 되지 못하고

다시, 낯선 사람으로 떠나갔다.

메르스가 돌던 해, 그는 폐암으로 떠났다.

나는 부고 앞에서 어떤 표정을 지어야 할지 몰랐다.

이제 마흔여섯, 술 냄새를 감추고

잠든 거실의 문턱을 서성인다.

현관에 벗어던진 내 구두 위로

그가 버리고 간 낡은 구두가 포개진다.

나는, 소리 없이

내 아이들의 낯선 사람이 되어간다.

빈집

저녁은 전기가 끊긴
핏줄부터 찾아왔다.
문틈의 어둠이
내 그림자를 먼저 핥았다.
수도꼭지에선 가느다란 침묵이 흘렀고,
나는 텅 빈 밥통처럼 웅크린 채
돌아오지 않는 어머니의 발소리를 기다렸다.

벽에 기댄 낡은 라디오에서,
건전지로 겨우 숨을 쉬는 노래 하나가
길을 잃고 방 안을 떠돌았다.
나는 울었다.

슬퍼서가 아니라,
내 마음 같은 멜로디 하나가
이 어둠 속에 기꺼이 함께 갇혀주어서.
그 온기 없는 온기 때문에.

이제 마흔아홉,
나는 가끔 혼자 차를 몰고 나선다.

세상의 모든 소리를 끄고
목적지 없는 길 위에 나만의 빈집을 짓는다.
그 어둡고 고요한 곳에서,
비로소 나의 첫 문장이 태어난다.

문밖의 세상

문을 닫자, 지긋지긋한 가난이 멎는 듯했다.
책가방 대신 낡은 가방 하나 둘러메고,
돈만 벌면,
이 지옥을 끝낼 수 있을 거라 믿었다.
열일곱의 나는, 그것이 해방이라 착각했다.

세상은 그러나
굳게 닫힌 잿빛 철문이었다.
허기는 뱃속에서 딱딱한 분노로 뭉쳤고
밤의 추위는 뼛속으로 스며들어
마디마디 서러움이 얼어붙었다.
쇼윈도에 비친 남루한 나와 눈이 마주쳤을 때,

나는 알았다.
내가 뛰쳐나온 곳이 지옥이 아니라,
그럼에도 돌아가야 할 나의 집이었음을.

이제는 번듯한 현관문 앞에서,
아내와 아이들이 잠든 깊은 밤.
도어록을 열려다 말고
나는 가끔 멈춰 선다.
차가운 번호판 위로 어른거리는 내 얼굴에서,
문 안과 밖, 어디에도 속하지 못하고
울고 있던 열일곱 살의 내가 보인다.

그 아이는, 아직도 집에 돌아오지 못했다.

흩어진 섬

하나의 땅에서 태어나
서로 다른 파도에 휩쓸려간
소금 그릇을 건네는 손끝이
닿지 못하는
1센티미터의 해협.
우리는, 세 개의 섬이었다.
같은 지붕 아래, 각자의 방에서
짐이 되지 않으려 삼킨 말들이
서로의 창문에 성에꽃으로 피었다.

건너갈 배가 없어서,
건너갈 힘이 없어서

그렇게 수십 년의 조류(潮流)가 흘렀다.
오늘 밤, 형의 생일을 알리는 묵묵한 알림에
대화방을 연다.
'생일 축하한다'는 말을 몇 번이고 썼다, 지운다.
이 짧은 인사조차
수심(水深) 모를 바다에 돌을 던지는 일 같아서.
스크롤을 한없이 올린다.
시간의 퇴적층을 거슬러 올라간다.
두 달 전 조카 사진, 석 달 전 어머니 안부.
그 아래, 사라지지 않는 숫자 1이
난파선의 불빛처럼 깜빡인다.

나는,
더 이상 그 바다를 들여다볼 용기가 없어
묵묵히,
액정을 식탁 위에 뒤집어 놓는다.
툭, 하고 낮은 소음.

세상의 모든 바다가

그 차가운 사각형 안에, 갇혔다.

빛바랜 스케치북

누나,
당신이 차려준 따뜻한 밥상을 앞에 두고
잘 먹겠다는 말 대신,
나는 식탁 위 작은 얼룩부터 끄집어내고 만다.
마음은 천 번이고 당신의 마른 어깨를 감싸지만
혀끝에서는 돋아난 유리 조각이
여린 당신의 마음에 또 생채기를 낸다.

내 밥그릇을 맨 먼저 헹구는
당신의 젖은 손마디 위로
나는 본다.
동생들 밥그릇부터 챙기던

나의 작고, 어렸던 엄마를.
세상에 나아가기도 전에
가난이라는 먹물에 꿈이 번져버린
그 닳아빠진 스케치북을 본다.

나는 당신의 꺾인 날개로 날아오른 새,
당신의 눈물로 목을 축이며 자란 죄인.
이 지독한 빚을 갚을 길이 없어
오늘도 못난 말 뒤로, 비겁하게 숨을 뿐이다.

돌아오는 차창 위로, 어둠이 내리고
당신이 웃으며 손 흔들던 모습 위로
스케치북 속 피지 못한 꽃들이 겹쳐진다.
가슴속에서 뜨거운 것이,
먹물처럼 번져와, 자꾸만, 눈시울을 적신다.

가시나무새

늦은 밤, 아내가 약을 챙겨 와 건넨다.
나는 고맙다는 말 대신
잔소리를 먼저 뱉는다.
걱정하는 마음은 언제나
가장 날카로운 가시가 되어 돌아난다.

그것이 내가 물려받은, 서툰 사랑의 전부이므로.
사랑한다는 말을 배우지 못한 우리는
대신, 서로의 심장을 겨누고
가장 아픈 곳을 찌르는 법을 익혔다.
선혈이 낭자한 상처의 깊이를 보고서야
안심하고 돌아서서 홀로 우는,
우리는 서툰 가시나무새였다.

문득, 등 뒤에서

아이들이 저희끼리 다투는 소리가 들린다.

서로의 마음에 생채기를 내는

그 서툰 말투가, 소름 끼치도록 나를 닮았다.

이 지독한 대물림을, 내 대에서 끝내기 위하여.

아이들이 잠든 방문 앞에 홀로 서서

나는,

내 심장에 박힌 가장 아픈 가시를 맨손으로 뽑아

그 피 맺힌 상처 위에,

세상에서 가장 여린 잎사귀 하나를 틔운다.

너희의 아침에는 부디,

가시 없는 환한 꽃 한 송이 피어나기를.

500원과 뺨, 그리고 별 하나

그때 나는 500원도 엄마 몰래 주머니에 숨겼지.
한 푼이 얼마나 무서웠기에,
아이들 앞에선 늘 작아지던 엄마의 어깨,
육성회비란 종이 한 장이 왜 그리도 무거웠는지.

친구들 앞에서,
짝- 소리 나게 뺨을 맞던 그 순간은
어쩌면 내 자존심의 유일한 불꽃이었을까.
애써 지우려 해도 화끈거리며 남아
밤하늘의 흉터 같은 별 하나가 되었지.

평화의 댐 성금,
그 작은 동전들이 모여
이 하루와 캄캄한 이 밤 사이
어떤 희망을 심었는지,

그때 나는 개뿔, 꿈에도 몰랐지만
이제는 어렴풋이 알 것도 같다.
구질구질했던 모든 흉터들이 모여
그저, 서로의 길을 비춰주고 있다는 것을.
그 빌어먹을, 따뜻함을.

첫, 색(色)

세상은 온통 잿빛이었다.
집은 위태로웠고, 미래는 보이지 않았다.
나는 그 속을 정처 없이 떠도는
한 점의 얼룩이었다.
활자들 사이로 겨우 숨을 쉬었다.

열일곱, 시월의 마지막 날을 하루 앞둔 밤.
독서실 계단을 내려오던 너와
눈이 마주친 그 찰나,
세상의 모든 소음이 멎고
낡은 흑백 필름 같던 내 삶의 프레임 안으로
네가, 빛나는 색(色)으로 터져 들어왔다.

너는 나의 첫 문장이었고

나의 첫 운율이었다.

너에게 부끄럽지 않은 사람이 되고 싶다는 마음 하나로

나는, 처음으로 내일을 꿈꾸기 시작했다.

그 밤 이후,

나의 모든 방황은 너에게로 향하는 길이 되었고

세상의 모든 잿빛은

오직 너 하나를 빛나게 하기 위한 배경이 되었다.

차가운 벽에 부딪혀 부서진 것은

마지막

휴가의 마지막 날,

덜컹이는 열차 바퀴 소리는 미래의 행진곡 같았다.

네 어깨에 기댄 채, 제대하면 시작될 우리를 그렸다.

그러나 너는 울었고,

미안해

라는 세 글자에

내 세상은 굉음을 내며 궤도를 이탈했다.

복귀를 알리는 기적 소리를 찢어발기며

다음 역에 내린 너를 따라가

다른 남자의 곁에 선 네게 미친 듯이 소리쳤다.

내가 책임지겠다고, 너 없이는 나도 없노라고.

그날의

약속을 지키지 못한 세상에게

나는 시멘트벽에 주먹을 날렸다.

우두둑, 뼈가 으스러지는 소리와 함께

부서진 것은 내 주먹뿐이었다. 핏물만 번져갔다.

그해 겨울,

네가 순백의 드레스를 입던 날은 하필이면

우리가

굴다리 아래서 차가운 육각 볼트 반지를 나눠 끼던

섣달 스무나흗날, 바로 그날이었다.

숨죽인 채, 나는 그저 바라볼 수밖에 없었다.

이제는,
열아홉 살 딸아이가 방문을 걸어 잠그고
밤새 어깨를 들썩인다.
희미한 울음소리가 새어 나온다.

미안해
라는 세 글자에
제 세상이 통째로 무너져 내렸을 그 아이의 등 뒤에서
나는 몇 번이고 손을 들었다 놓으며 서성인다.

괜찮을 거라는 흔한 말들이 목구멍에서 돌처럼 굳는다.

섣부른 위로 대신 무거운 침묵을 삼키는 것은,
서랍 깊숙한 곳, 먼지 쌓인 육각 볼트 반지가,
그날의 차가운 벽에 부딪혀 으스러졌던

내 스물셋의 핏물 밴 주먹이

딸아이의 울음소리에 반응하듯,

지독한 환통(幻痛)으로 아직도 시큰거리기 때문이다.

제2부

짠맛 나는 왕관을
쓰다

두 번째 서랍을 열며

잿빛 점들이 모여 희미한 윤곽을 이룰 때, 한 남자는 보이지 않는 왕관을 쓴다. 금으로 빛나는 영광의 상징이 아니라, 땀과 눈물에 절어 지독한 짠맛이 나는 가장(家長)이라는 이름의 왕관. 세상이라는 위태로운 레인 위에서 벌어지는 그의 구질구질한 분투와, 그 짠내 나는 왕관의 무게를 이제, 정면으로 마주할 시간이다.

스페어 처리의 기술

삑, 하고 레인에 불이 켜진다.
나는 오늘도 어정쩡한 자세로,
쓰러져야 할 운명처럼 선 저 하얀 것들을 향해
내 무거운 생(生)을 통째로 굴린다.

청춘이란 이름으로 던진 첫 공은
기름 냄새만 가득한 채 흔들리다
쿵, 메아리 없는 도랑에 처박혔다.
스코어보드 위, 텅 빈 작대기 하나.
그것이 내 젊음의 초상이었다.

완벽한 스트라이크의 기술 대신,
흩어진 생의 조각들을 꿰매 맞추는
스페어 처리의 기술부터 익혀야 했다.
옹졸한 자존심 같은 핀 몇 개라도
어떻게든 쓰러뜨려야 다음으로 갈 수 있었으므로.

이제 마흔아홉,
세상과 타협하는 법을 익힌 손목으로
보란 듯이 꺾여 들어가는 훅(hook)을 던진다.

공이 휘어지는 저 아찔한 각도만큼
내 무릎 연골과 곧았던 마음도 함께 휘었다.
날카롭게 꺾이는 저 궤적이야말로
내 삶이 새겨놓은 지독한 무늬다.

점수판의 숫자가 다 뭐랴.
외로운 스트라이크의 환호보다

실패한 등을 두드려주는 손길 아래

당신과 함께 웃는 스페어 하나가 더 뜨겁다.

삑, 하고 다음 프레임을 알리는 소리.

나는 묵묵히, 묵직한 공을 다시 집어 든다.

남은 핀들을 마저 쓰러뜨리고 얻는

그 덤 같은 하루 한 프레임이,

이제는 더 절실하므로.

줄 타는 남자의 고백

어젯밤 남은 소주가 속을 할퀴는 아침,

삐걱이는 의자에 앉아 눈을 감으면

허공에, 아슬아슬한 외줄이 걸린다.

발바닥 굳은살로 그 팽팽한 긴장을 읽는다.

한쪽 어깨엔 식구들의 웃음이,

다른 쪽 어깨엔 직원들의 월급날이 묵직하다.

수평을 잡으려 애쓸수록 이마엔 식은땀이 흐르고

달력의 빨간 숫자들이 핏발 선 눈으로 나를 노려본다.

상사에게 고개 숙이면 그만인

남의 줄이 편하겠다 싶다가도,

문득 깨닫는다.

세상의 모든 줄은 똑같이,

허공 위에서 서늘하게 떨고 있음을.

퇴근길,
회사라는 줄에서 간신히 내려와
집이라는 줄로 위태롭게 갈아탄다.

불 꺼진 현관문 앞에서 심호흡 한번.
이 문 안에서는, 절대 흔들려선 안 된다.

아내의 한숨 섞인 설거지 소리와
아이의 무심한 성적표 사이,
그 보이지 않는 줄 위에서 나는
아무렇지 않은 척 농담을 던지고
괜찮은 척, 가장의 가면을 단단히 고쳐 쓴다.

화려한 기교도, 우아한 몸짓도 없이
그저 버티는 것.
떨어지지 않으려 이를 악물고 허공을 한 걸음,
더 옮기는 것.

저 멀리, 닿을 수 없는 반대편의 안식을 향해

나는 오늘도 줄을 탄다.

박수도, 환호도 없는,

오직 내 거친 숨소리만 가득한 무대 위에서.

내 몸 사용 설명서(ver. 49)

알람보다 먼저,

내 몸이 제멋대로 교향곡을 연주한다.

무릎 관절이 삐걱, 첼로처럼 낮게 울고

어깨뼈가 우두둑, 팀파니처럼 경고를 때린다.

어젯밤 붙인 파스가,

밤새 뒤척인 악보처럼 너덜거린다.

왕년의 식스팩은 흑백사진 속 전설이 된 지 오래.

밤마다 식스-파스(Six-Pas)를 붙이고서야 잠이 든다.

몸 안의 모든 부속들이 아우성을 쳐댄다.

"주인 양반, 착취를 멈추고 영양제를 달라!"

뼈마디마다 붉은 머리띠를 둘러맨 게 틀림없다.

그래서 나는 오늘도 헬스장으로 향한다.

성난 관절들에 조공(朝貢)을 바치고,

언제 터질지 모를 전면 반란(叛亂)을 막으러.

이것은 운동이 아니라 생존을 위한, 눈물겨운 외교다.

청년의 귀에는 힙합이 터지고,

내 귀에는 연골 갈리는 ASMR이 흐른다.

그는 거울 속 미래와 대화하고,

나는 거울 속 어제와 어색하게 눈 맞춘다.

"어, 오셨어요…?"

언젠가부터 내 몸의 주인은 내가 아니다.

나는 이 낡고 삐걱이는 몸의 세입자일 뿐.

주인은 시간이라는 악덕 건물주.

월세는 땀과 비싼 영양제고,

연체하면 가차 없이 통증으로 독촉장이 날아온다.

보증금은 아마, 내 남은 생이리라.

그래서 오늘도 나는 방 빼지 않기 위해

러닝머신 위에서 땀이라는 월세를 낸다.

여기까지 나를 태우고 달려와 준 고마운 집.

그 창밖으로 아직, 우리가 함께 볼 풍경이 남았으므로.

나의 구질구질한 신(神)에게

막차 불빛이 내 눈앞에서,
야멸차게 점이 되던 밤.
편의점 처마 밑에서 젖은 주머니를 털었다.
딸랑, 하고 어제의 내가 오늘의 나를 비웃는 소리.
버스 문 앞에서 기사는,
내 남루한 어깨 너머 텅 빈 도로를 보며
무심하게 말했다.
"다음 차 타세요."

그 밤, 집까지의 거리는 걸어서 은하수 너머였다.
나는 고개를 들어 밤하늘을 보았다.
저 싸구려 유리구슬 같은 것들이 모두 동전이라면,

싹 다 털어 제일 비싼 택시를 탔을 텐데.
나는 젖은 아스팔트 위로 헛웃음을 뱉으며 중얼거렸다.
"돈 없으면 방랑자, 돈 있으면 관광객이라지.
나는 오늘 그냥, 별 보고 걷는 도보 여행가다."

돈 없는 날엔
치킨 한 조각도 우주적 고뇌가 된다.
왁자지껄한 테이블 위로
친구 놈의 카드가 번개처럼 허공을 가르고,
나는 콜라 한 병의 탄산이 다 빠져나갈 때까지
아주 느리게, 세상을 씹는다.
얼굴은 웃는데 속은, 구질구질하게 출출하다.

돈이라는 놈은,
참 잔혹한 신(神)이라서
빌릴 땐 내 이마를 땅에 처박게 하고,
갚을 땐 내 허리를 활처럼 휘게 한다.

그놈 앞에서 나의 모든 자존심은
젖은 휴지처럼 힘없이, 구겨진다.

그러나 그놈은 또,
참 변덕스러운 신(神)이라서
월급날, ATM 기기에서 푸른빛을 뿜으며
내 지갑 속으로 귀환하는 순간,
그것은 내 가난한 밤하늘에 떨어지는
단 한 번의 별똥별 같아서.
죽은 줄 알았던 첫사랑이 돌아온 듯
심장은 기적처럼, 바보처럼, 다시 뛴다.
그 하루만큼은 내가 세상의 왕이다.

이 얄팍한 종이 한 장, 숫자 몇 개에
내 인격과 체면과 어깨의 각도가 달렸다니.
이 지독하고 구질구질한 신을 모시고 사는
우리라는 가여운 신도(信徒)들.

오늘 저녁,

구겨진 지폐 몇 장 손에 쥐고

당신과 김치찌개에 소주 한잔 나눌 수 있다면,

그것이 바로, 내 모든 밤하늘의 별똥별에 빌었던

단 하나의 소원이었음을.

그 뜨거운 국물 한 숟갈에,

오늘 하루의 모든 빚을 탕감받는 기분이었음을.

마음의 뚜껑

사람들은 누구나 마음속에
뚝배기 하나씩 품고 산다.
서러움, 억울함, 분노 같은 것들을 넣고
뭉근하게, 아주 뭉근하게
제 속을 끓이며 산다.

뚜껑은 꼭 닫아둔다.
'괜찮다'는 거짓말,
'다들 그렇게 산다'는 체념으로
김 새어 나올 틈 하나 없이.

이상하지,
나라 걱정 같은 거창한 일에는 끄떡없다가
아내가 무심코 던진 행주 하나에,
아이의 쿵, 닫는 방문 소리에
평생을 끓여온 내용물이
사방으로 튀어 오르는 것이다.

사방으로 튄 뜨거운 것들을
아무도 상처라고 부르지 않는다.
그저, 성질 더러운 놈의 화풀이라고들 한다.
그것이 그의 우주가 무너지는 소리였음을
아무도 모르고, 알려 하지도 않는다.

그래서 나는 오늘도 저녁 식탁에서
부글부글 끓는 김치찌개를 먹는다.
이 화(火)를, 또 다른 화(火)로 묵묵히 다스린다.

그저 뚜껑을 살짝 열어
김 한번 빼주면 될 것을.
당신이 '힘들었겠다' 한마디 건네주면
내 안의 이 지독한 뚝배기도
제법 맛있는 찌개가 될 수 있을 텐데.

나는 그저,
혀를 데어가며 뜨거운 국물만
말없이 삼킨다.

나라는 이름의 알고리즘

나는 아버지의 낡은 코드에서 태어났다.

주석(註釋)도 없이 세상에 던져진, 오래된 프로그램.

꿈이라는 항목은 undefined,

행복의 값은 null로 설정된 채.

숨 쉬는 동안 반복되는 while문 속에서

알람 소리에 강제 실행되는 아침,

밤이면 '오늘도 글렀음' 에러 로그를 쌓는다.

어제의 후회가 오늘의 버그가 되어

잠 못 드는 밤의 모니터 위에서 나의 밤은 컴파일된다.

삶의 갈림길마다 if가 깜빡인다.
'만약, 그때 다른 선택지를 눌렀다면?'
실행해보지 못한 수천 개의 삶을 머릿속으로 돌려보다
심장이 멎고, 시야가 새하얘지는
푸른 화면 위로, 나는 다운된다.

그러다 '너'라는 치명적인 오류를 만났다.
내 세상의 모든 논리가 엉키고, 숨이 멎는
푸른 화면 앞에서, 나는 속수무책이었다.
너의 눈빛이라는 무한 루프에 갇혀
내 삶의 모든 메모리를 소진하고서야 알았다.
사랑이란, 수정할수록 증식하는 버그라는 것을.

시스템 전체가 멈춰버릴 것 같을 때,
나는 본능적으로 '안전 모드'로 들어간다.
세상의 모든 소음을 차단하고
낡은 사진첩 속, 아이들의 웃는 얼굴을 불러온다.

근본적인 버그는 그대로인데,

이상하게도 다시 시작할 힘을 얻는다.

가족은 내 인생의 유일한 master key이자

삭제되지 않는 단 하나의 백업 파일이다.

수만 번의 멈춤, 수천 번의 재부팅.

문득, 깨닫는다.

완벽한 코드는 애초에 없었다는 것을.

서로 엉키고 꼬여버린 스파게티 코드,

덕지덕지 덧댄 주석과 임시방편 패치,

이 엉망진창 프로그램 전체가 바로 '나'라는 것을.

이제 나는,

구겨진 내 인생의 소스 코드 마지막 줄에

삐뚤빼뚤한 글씨로,

사랑이라는 이름의 주석을 단다.

// 그래도 살아냈다. 이만하면, 되었다.

벼랑, 그 아래

함께 절벽을 오르던 동아줄이었다.
같은 곳을 보며 땀 흘리던,
서로의 목숨을 맡겼던 어깨들이었다.
정상 목전에서,
그들은 내 손을 놓았다.

아니, 등을 떠밀었다.
그들의 눈빛을, 나는 잊지 못한다.
추락하는 동안에는 비명도 나오지 않았다.
세상이 거꾸로 돌았고, 심장이 발밑에서 터져버렸다.
바닥에 처박힌 나를 일으켜 세운 것은
아내의 마른 울음과,
끝까지 나를 믿어준 남은 이들의 눈빛이었다.

나는 다시 일어섰지만,

더는 아찔한 높이를 꿈꾸지 못한다.

대신, 잠 못 드는 밤이면

나는 여전히 그 절벽 아래에 서 있다.

나를 밀어냈던 그들의 웃음소리가

메아리처럼 귓가에 부딪혀 부서진다.

용서해야 한다고, 머리는 말하는데

내 부서졌던 뼈마디들이, 밤새도록 그들의 이름을

우두둑, 소리 내어 씹는다.

끊어진 다리

어머니의 흙과 아내의 빛 사이
나는 녹스는 철골이었다.

한쪽은 나를 낳은 흙이었고,
한쪽은 내가 세운 빛이었다.

어느 날부터인가 두 세상은
서로를 할퀴는 파도가 되고,
뜨거운 눈물과 차가운 분노가 휘몰아쳐
나는 뼛속까지 금이 가고
심장이 시뻘겋게 녹슬어갔다.

결국, 무너져 내렸다.

어느 섬의 하늘에도 가닿지 못한 채.

이제 나는 부서진 교각으로 남아

이쪽 섬의 칼날 같은 바람과

저쪽 섬의 소금기 섞인 파도를 온몸으로 맞으며,

밤새도록,

제 몸이 으스러지는 소리를 듣는다.

거울 앞에서

축축한 거울 앞에서, 면도 거품을 바른다.
매일 아침, 어제의 나를 지워내는 의식.
무딘 칼날이 턱을 스칠 때,
문득, 거울 속에서 낯선 사내가 나를 본다.

나는 본 적 없는 아버지의 지친 얼굴로,
내가 잃어버린 어린 날의 무표정으로,
그는 웃지도 울지도 않은 채
그저, 나를 빤히 들여다본다.

평생을 도망쳐온 아버지의 굽은 등이
어느새 내 어깨 위로 겹쳐오고,
골목길에서 울고 있던 아이가
내 눈동자 속에서 웅크린다.

거울 속의 그와 거울 밖의 나,
그 아득한 간격 사이로
섬광처럼, 그가 내게 묻는다.
너는, 대체 누구냐고.

쉬익, 하고 날카로운 소리와 함께
턱 밑에 붉은 선이 그어진다.
나는 흐르는 피를 닦아낼 생각도 잊은 채,
거울 속에서,
방금 내가 베어버린
나를, 아버지를, 그 아이를,
멍하니, 함께 바라본다.

아버지의 부고(訃告)

메르스가 창궐하던 해,
아버지는 폐암으로 스러졌다.
세상은 전염병을 두려워했지만,
나는 평생, 아버지라는 이름의 병을 앓았다.
그 병은 전염되지 않았지만, 결코 나를 떠나지 않았다.

부고를 전해 듣던 날,
나는 울지 않았다.
다만, 밥을 먹다 말고 수저를 내려놓았다.
내 안에서 오랫동안 시끄럽게 앓던 것이
툭, 하고 끊어지는 소리가 들렸다.
방 한 칸이, 소리 없이 비워졌다.

상복(喪服)은 빌린 옷처럼 어색했고,
처음으로 아버지의 영정 사진을 오래 들여다보았다.
검은 액자 속에서,
평생 본 적 없는 어색한 미소로,
그는 여전히, 나를 모르는 낯선 사람이었다.

용서할 것도, 용서받을 것도 없는 우리는

그런 부자(父子)였다.

다만 가끔, 바람이 심하게 부는 날이면

내 안의 그 텅 빈 방,

그가 떠나고 소리 없이 비워진 그 방에서

창문이 덜컹거리는 소리가, 종일토록, 들려온다.

제3부

당신이라는 인력(引力)

세 번째 서랍을 열며

　모든 것이 무너져 내린 벼랑 끝에서, 길 잃은 별은 때로 자신을 끌어당기는 단 하나의 중력을 만난다. 여기, 흩어지려던 한 남자를 붙들어준 '당신'이라는 이름의 인력(引力)이 있다. 잿더미 위에서, 한 남자의 우주를 다시 세운 그 눈부신 구원의 기록으로 들어간다.

이 지독한 생을
한 번 살아볼 만하겠다고

사랑, 그 끓어 넘치던 용암(熔岩)은
목구멍에서 차가운 돌덩이로 굳어버렸다.
나는 서터를 내린 폐가(廢家)처럼
감각의 모든 문을 걸어 잠그고
세상이라는 사각의 링 위에 올랐다.

밑창 떨어진 구두가 아스팔트를 절뚝이며 핥았고,
사업이라는 절벽에서 몇 번이고 굴러떨어졌다.
심장은 멈추지 않았을 뿐,
세상의 모든 맛과 향기는
닳아빠진 구두 굽처럼 뭉개졌다.

그러다, 너를 만났다.

내 닳아빠진 구두와, 절벽에서 굴러떨어진

흙먼지투성이 어깨를 보고도

너는 아무것도 묻지 않았다, 괜찮으냐는 말조차.

그저 늦은 밤, 도시의 소음이 잠시 멎은 편의점 앞에서

플라스틱 의자에 마주 앉아,

김이 나는 컵라면 국물 한 그릇을

말없이, 내 쪽으로 밀어주었을 뿐.

그 온기가, 얼어붙었던 손끝으로 먼저 스며들었다.

나는 스물여덟,

그 밤, 얼어붙었던 심장이 녹아내리는 소리를 들었다.

다시 사랑 따위를 믿어보기로 한 것이 아니라,

그저 너와 함께라면,

너의 그 따뜻한 국물 한 그릇의 온기만 있다면

이 지독하고 구질구질한 생을,

한 번쯤은, 살아볼 만하겠다고.

나는, 처음으로, 내일을 향해 결심했다.

당신이라는 집

세상이 나를 버리던 겨울밤,
벼랑 끝으로 향하던 발길을 돌려 마지막으로 들른 집에
당신은, 아이들을 끌어안고 잠들어 있었다.
한겨울, 보일러도 꺼진 뼈를 파고드는 냉골 방,
작은 전기장판의 희미한 온기 위로
세 사람의 하얀 입김이 서리꽃처럼 피어올랐다.
나는 울지 않았다.
다만, 그 가냘픈 숨소리들을 그러모아
으스러졌던 내일을, 다시 고쳐 쥐었다.

내가 세상 밖에서 무너져 내리던 동안
당신은 홀로, 현관문에 붙은
그 붉은 낙인(烙印)의 무게를 견뎠다.

세상은 당신을 나쁜 며느리라 말했지만,
당신은 잿더미 위에서 나를 지탱한
단 하나의 집이었고, 내 세상의
마지막 기둥이었다.

아프지 말고, 늙어서 같이 놀러 다니자는
당신의 그 덤덤한 말이,
벼랑 끝에서 나를 다시 일으켜 세웠던 그 날의 주먹처럼
오늘, 나를 살게 한다.

당신이 나의 집이므로,
나는 무너지지 않는다.
우리의 낮은 지붕 위로
내가 불을 지핀 저녁연기가
오늘도, 따뜻하게 피어오른다.

나의 모든 계절은 당신이었습니다

어떤 날, 당신은 내 세상의 모든 채널을 돌려버린다.
감미로운 노랫소리로 아침을 열다가도,
지직거리는 소음으로 내 모든 시간을 먹통으로 만든다.
내가 무심코 뱉은 말 한마디에
당신 얼굴에서 모든 빛이 꺼지는, 그런 날.

등 돌리고 잠든 당신의 침묵은
국경 없는 시베리아가 되어
마흔여덟 해를 살아온 내 모든 뼈마디를 얼린다.
시계 초침 소리만이 내 불안을 장작처럼 태우는 밤,
이 혹한 속에 홀로 버려질까 봐
나는 어린아이처럼 이불을 목 끝까지 끌어당긴다.

빙하기는 다음 날 아침까지 이어지고,
해빙(解氷)은 언제나 나의 몫이다.
얼어붙은 침묵의 성벽 앞에서
나는 스무 해 넘게 익힌 생존술을 펼친다.
(옳고 그름은 중요치 않다, 저녁의 평화가 우선이다)
슬그머니 다가가 어깨를 주무르며 어리광을 피운다.
"여봉, 미안해, 미안해~엥, 응?"

차가운 등짝을 한 대 얻어맞고 나서야
비로소, 우리 집에 다시 봄이 온다.

친구들과 여행 간 당신이 없는 밤,
냉장고의 낮은 울음소리만 집 안을 떠돌고
불 꺼진 현관이 나를 삼킨다.
당신의 잔소리가, 웃음소리가, 그 모든 소음이
얼마나 따뜻한 배경음악이었는지를 깨닫는다.
나는 외투도 벗지 못한 채
당신 없는 풍경 속에 오래도록, 좌초(坐礁)한다.

아이들 둥지 떠난 빈집에서
우리 둘이, 세상 끝까지 놀러 가자는 당신.
그 덤덤한 약속 하나가
내 남은 생의 유일한 나침반이 된다.

햇살과 폭풍우, 장마와 폭설,
그 모든 계절의 소란을 지나 나는 비로소 알았다.
당신은 나의 변덕스러운 날씨가 아니라
내가 살아 숨 쉬는 유일한 대기(大氣)였음을.
휘청이는 나를 붙들어주는
단 하나의 중력(重力)이었음을.

나는 평생,
당신이라는 예측 불가능한 하늘 아래
나의 유일한 집을 짓는다.
비바람에 흔들리는 창가에
꺼지지 않는 불빛 하나,
당신이라는 이름의 불빛 하나를

가만히, 밝혀두는 일.

그것이 나의 생(生)이므로.

찻잔이라는 우주

구겨진 지도를 손에 쥐어주었다, 세상은.
더 멀리, 더 높이 날아오르라 등을 떠밀었다.
거위도 담을 넘고 달팽이도 바다를 꿈꾸는데
너는, 하고 묻는 목소리들.
그 지도 위에서 나는 늘 길치였다.
내일의 좌표를 찍느라
오늘 해가 지는 쪽을 한번 올려다보지 못했다.

그런 내게 당신이 와서,
어디까지 왔냐고 묻는 대신
어디로 갈 거냐고 재촉하는 대신
김이 오르는 찻잔을 내밀었다.

따뜻하지, 지금.

그 한마디에, 세상의 모든 주파수가 끊겼다.
내 시간의 태엽이 툭, 하고 느슨해졌다.
마흔 넘어 처음, 오늘의 무게를 두 손으로 받쳤다.

기적이란 말이 있다면 이런 온기일까.
상처 입은 서로의 시간에 잠시, 어깨를 빌려주는 것.
두 개의 찻잔이 만드는 이 작은 원(圓) 안에서
세상은 잠시, 우리를 잊는다.

이제 나는, 더는 높이 날지 않아도 좋다.
지도 밖에서 헤매는 저녁도 괜찮다.
당신이라는 오늘,
이 온기 속에 뿌리내리고 싶을 뿐.

엄마는 배가 불렀다

제3부 당신이라는 인력

정글에서 두들겨 맞고
링 밖으로 기어 나온 날,
나는 나침반도 없이,
연어처럼 본능적으로 엄마에게 갔다.
내비게이션에도 없는, 세상 가장 오래된 집으로.

연락 없이 들이닥친 아들놈을 보고도
엄마는 놀란 기색 대신,
"왔냐"
그 한마디로 내 헝클어진 시간을 갠다.

"밥은?"
"아니, 뭐…"
"차린 건 없는데… 난 저녁 먹었다."
잠시, 엄마의 눈꼬리가 파르르, 떨렸던가.
"벌써?"
"늙으면 배가 일찍 꺼져."

나는 안다.

저 거짓말의 유구한 역사를.

싱크대 선반 뒤, 물에 만 밥과

김치 두어 조각의 서늘한 알리바이를.

자식의 저녁을 위해 삼시세끼 배가 부른,

우리 엄마들의 슬프고 위대한 생리학을.

어색한 침묵.

'배달의 민족' VVIP 아들은

'배달'이란 단어조차 어색한 엄마에게

네모난 유리창을 내민다.

"뭐 시킬까? 치킨? 피자?"

손가락 끝에서 태어난 약속이

낯선 헬멧을 쓰고 문을 두드린다.

네모난 온기가 낡은 거실을 데우고

상자를 열자 페퍼로니 꽃이 피고 치즈 용암이 흐른다.

평생 이런 걸 두어 번 드셔보셨을까.
엄마는 포크 대신 젓가락을 들고
조심스럽게 이국의 영토를 탐험한다.
한 입, 두 입, 말이 없다.

"세상 좋아졌네."
"그치."
"근데 이건 뭔 맛으로 먹냐. 느끼하게."
말은 그리하면서도
두 조각째 야무지게 해치우신다.
세 번째 조각을 들고는 마침내 백기를 든다.

"희한하네. 옛날엔 입에도 못 댔는데…
이젠 이런 것도 맛있다, 야."
처음 보는 소녀 같은 웃음.
그 웃음 끝에 스쳐 가는 외로운 섬 하나를 나는 보았다.

나는 대답 대신 콜라를 따르고,

웃음 대신 피클을 씹는다.

손끝이 불러온 뜨거운 치즈의 강,

엄마에겐 평생 건너지 못한 바다였음을

먹먹한 통증이 식도를 타고 내려와 알려준다.

엄마는 기꺼이 굶고, 기꺼이 배가 불렀다.

그렇게 내어준 저녁 위에서, 나는 자랐다.

문득,

먼 훗날의 내가 보인다.

세상에 맞고 훌쩍 커버린 내 아들놈이

연락 없이 들이닥친 어느 저녁,

나도 똑같이 말하겠지.

"아빤 배불러. 너 먹는 것만 봐도 배부르다, 인마."

그러고는 녀석이 남긴 피자 끄트머리를
아까워하며 집어 먹겠지.
"희한하네. 아빤 원래 이런 거 안 좋아하는데…
오늘따라 맛있네, 이거."

짠맛 나는 왕관을 물러받으며,
나는 그렇게, 당신의 아들이자
내 아들의 아버지가 되어간다.

부치지 못한 편지

어머니,

문 앞에, 당신이 보낸 스티로폼 박스가 놓여 있다.
삐뚤빼뚤한 글씨, 덕지덕지 붙은 테이프.
뚜껑을 열자,
시큼한 김치 냄새가, 당신의 평생이,
내 녹슨 심장을, 후벼 파고든다.

나는,
당신의 젊음을 갉아먹고 자란
못난 아들입니다.
당신의 닳아빠진 신발 밑창만큼의 죄를 지었고,

김칫국물보다 더 붉은 눈물을
당신의 깊은 손금 사이에 새겼습니다.
나는 당신의 가장 아픈 상처였습니다.

'고맙다'는 말 대신,
수화기 너머로 또 무심한 아들이 됩니다.
사랑한다는 말은 언제나 혀끝에서 길을 잃고
미안하다는 말만 겨우, 그림자처럼 따라붙는
우리는 그런, 서툰 모자(母子)가 되었습니다.

나는 오늘도,
당신이 평생을 밀어 올린 그 구르마를
마음속으로 밀어봅니다.
삐걱이는 바퀴 소리에 실려 오는
당신의 젊은 날과 나의 못난 날들을 생각하며,
소리 없이 웁니다.

스마트폰을 들고, 당신의 이름을 누릅니다.

수십 번을 썼다 지웁니다.

결국 보내지 못한 이 마음이, 이 시(詩)가

당신에게 부치지 못할, 나의 편지입니다.

횡성수설(橫城絮說)

모든 것을 잃고,
쫄딱 망한 내 삶은, 나침반도 없는 지도 밖의 땅.
원주에서마저 무너져 잿더미만 남은 나를,
섬강의 물굽이가
상처 입은 짐승을 품듯, 묵묵히 감싸안았다.

잿더미 위에, 마지막 남은 온기를 그러모아
꺼져가는 불씨를 되살리듯, 아내가,
원생 단 한 명짜리 어린이집을 세웠다.
망해가는 줄도 모르고 내 차가운 손을
덜컥, 잡던 당신의 그 뜨거운 손 하나가
캄캄한 절망 속, 내 길 잃은 세상의
유일한 북극성이었다.

그 아이 태우러 낡은 차를 몰고 갑천을 건너던
새벽 구방교 위로,
강의 흰 숨결 같은 물안개가 피어올라
나를 버렸던 세상의 모든 모서리를
부드럽게, 지워내고 있었다.

길가에 흐드러진 코스모스가 바람에 흔들리는 모습이
엉망진창이어도, 살아만 있다면 괜찮다고
서툰 위로를 건네는 듯했다.
용서는 내가 하는 것이 아니라,
저렇게 저절로 오는 것이었다.

사발소 막걸리 한 사발에 낯선 사투리를 배우고,
사람이 그리워 붉은 소방복에 등을 기댔다.
한때는 세상의 경고음이던 사이렌 소리가
우리가 함께 지켜낼 내일에 대한 약속이 되어
그 땀방울이, 나를 횡성의 일부로 천천히 물들였다.

횡성 오일장,

약초 냄새와 기름 냄새가 뒤섞여 왁자지껄 끓어오르고

닳아빠진 경운기 위로,

할머니의 구부정한 세월이 푸성귀처럼 널려 있고

옆집 숟가락 개수까지 꿰고야 마는

그 촌스러운 다정함이

텅 빈 내 마음에 숟가락 하나를 툭, 놓아준다.

나는 그 너저분한 온기 속에서

비로소, 가슴을 펴고 진짜 숨을 쉬었다.

아내와 둘이 캄캄한 산길에서 밤을 줍던 밤,

까만 밤톨 위로 쏟아지던 별들은

내가 도시의 그 어떤 불빛 아래에서도 보지 못했던,

상처 입은 대지가 틔워낸 눈물겨운 잉걸불이었다.

횡성(橫城).

횡설수설(橫說竪說) 흩어졌던

내 삶의 날카로운 조각들을

가만히, 곁(橫)으로 품어

하나의 단단한 성(城)으로 쌓아주었다.

바람을 막는 성벽이 아니라,

흩어진 나를 그러모아

비로소 살게 하는

따뜻한 집이었다.

나는 이제, 이곳을 사무치게 사랑한다.

실패의 잿더미 속에서 진짜 행복을 가르쳐준

이 너저분하고 따뜻한 나의 마지막 집을 사랑한다.

이것은 나의 서툰 고백, 횡성수설.

세상과 가장 먼 집

도시의 지도를 찢고 왔다.
네모난 빌딩 숲,
숨 막히는 아스팔트의 직선 위에서
나는 늘, 출구 없는 미로를 헤맸다.
그곳의 속도는 내 심장을 갉아 먹었고,
사방에서 울어대던 경적은
패배자의 귓가에 박히는 이명(耳鳴)이었다.

이곳에는
길을 재촉하는 신호등 대신,
느릿느릿 산허리를 감아 도는 흙길이 있고
서로를 할퀴는 소음 대신,
처마 끝에 매달린 풍경(風磬) 소리가 있다.

나는 그 느린 시간 속에
비로소, 숨 쉬는 법을 다시 배웠다.
섬강의 물안개가 내 폐부를 씻어내고,
흙냄새 밴 바람이, 비로소 내 것이 되었다.

나를 무너뜨렸던 세상의 가장자리,
이곳에서
나는, 웅크린 어깨를 가만히 받아주는
작고 낮은 지붕 하나를 이고 산다.
밤이면, 창문 가득 쏟아지는 별빛이
괜찮다, 괜찮다, 등을 토닥여주는
하늘과 가장 가까운, 나의 마지막 집.
밤이면, 창문 가득 별들이 쏟아져 내리는,
하늘과 가장 가까운, 나의 마지막 집.

너는 나의 산이었다

세상의 속도에 맞춰 가면을 바꿔 쓰다
점점, 내 얼굴을 잃어가던 젊은 날,
내 곁에는 늘 시끄러운 꽃들이 피었다.
내가 가진 것이 시들면 가장 먼저 등을 돌리던
그 허망한 화려함을, 나는 친구라 믿었다.

너는 달랐다.
꽃이 아니라, 그냥 거대한 산이었다.
내가 가면 뒤에서 비틀거릴 때에도
너는 그저 묵묵히, 그 자리에 서서 바람을 막아주었다.
때론 너의 그 무심한 침묵이 답답해,
깎아지른 절벽 같아 원망도 했다.

세상의 모든 꽃들이 지고,
가면 위로 주름이 깊어지고 나서야
나는 비로소 알았다.
천 개의 화려한 꽃밭보다
돌아보면 언제나 그 자리에 서 있는
묵묵한 산 하나가 얼마나 거대하고 위대한지를.

오늘 밤, 문득 전화기를 든다.
어디냐는 물음에 너는,
늘 그랬듯, 거기 있다고 대답한다.

나는 흔들리는 세상 속,
결코 무너지지 않을 너라는 산의 능선을 떠올리며
안심하고, 말없이, 술잔을 채운다.

나의 첫 이별 연습

"아빠, 나도 이제 운전."
스무 살 딸의 폭탄선언에
내 시간 위로, 쿵, 하고 급제동이 걸린다.
뒷좌석 카시트에서 쉴 새 없이 재잘대며
내 세상을 온통 채우던 네가
아직 눈앞에 어른거리는데.

주말 아침, 텅빈 공터.
굳은 표정으로 운전석에 앉은 너.
바들바들 떨리는 손으로 핸들을 잡은 너.
나는 애써 태연한 척, 조수석에 앉아
안전벨트를 고쳐 맨다.

이것은 너의 첫 주행이자,

나의 첫 이별 연습.

"엑셀은 살살, 더 멀리 봐."

내 목소리가 나보다 더 떨린다.

차가 꿀렁, 하고 처음 앞으로 나아갈 때

내 오른발이 허공에서 브레이크를 밟는다.

너는 앞만 보고,

나는 그런 너의 굳게 다문 옆얼굴을 본다.

언제 이렇게 커서, 내 세상을 떠나려 하는가.

내가 너를 데려다주던 수많은 길들,

유치원, 소아과, 놀이터…

그 길의 끝은 언제나 집이었는데.

이제 너는,

스스로 운전대를 잡고

내가 가보지 못한 세상으로 떠나겠지.

텅 빈 공터를 네가 위태롭게 한 바퀴 도는 동안
나는 너와 함께한 십구 년을 한 바퀴 돈다.
조수석은 원래, 내 자리가 아니었는데.
어느새 나는 너의 첫 번째 승객이 되어
네가 가는 길을 그저, 지켜보는 사람이 되었다.

"아빠, 나 이제 좀 늘었지?"
너는 어느새, 세상을 다 가진 듯 웃고 있다.
나는 대답 대신,
창밖으로 너무 빨리 지나가는 십구 년을 본다.

문득, 내가 앉은 이 조수석이
너의 세상에서 내가 머물, 마지막 정류장 같아서.

다음 정류장엔 누가 탈까.
그다음엔,
텅 비겠지.

조용한 행성

저녁을 먹고 제 방으로 들어간 너는,
네 방이라는 작은 행성으로 돌아간 아이다.
나는 그 행성의 언어를 알지 못해
늘, 우주선 해치 같은 네 방문 앞에서 서성인다.

사과 몇 조각을 깎아 들고
똑똑, 노크를 해본다. 너무 컸나.
안에서 들려오는 대답 없는 침묵.
나는 그 침묵의 무게를 이기지 못하고
문고리에 접시만 걸어두고 돌아선다.
오늘도, 너의 궤도 진입에 실패했다.

괜찮다, 딸아.

너는 너만의 속도로 너의 우주를 그리고 있으니.

나는 그저, 네 세상이 너무 추울 때

언제든 문고리에 따뜻한 궤도 하나쯤

말없이, 걸어주고 가는

가장 가까운 위성(衛星)이면 되니.

네가 원할 때, 언제든 빛을 나눠 가질 수 있는

작고, 늙은 위성이면, 되니.

너의 강물에게

네가 떠나간 텅 빈 방,
어지럽혀진 책상 위에서
깜빡이는 낡은 스탠드를 고친다.
삐걱이는 목을 바로 세우고,
끊어진 전선을 서툴게 잇는다.
나는 평생, 고장 난 등대였으므로.

딸아,
아빠처럼 살지는 마라.
나는 돌부리에 걸려 넘어질까 두려워
늘 안전한 길만 골라 걸었다.
그 안전한 길은, 언제나 지루했다.

너는 넘어져도 좋으니, 가슴 뛰는 길을 가렴.
상처는 너를 더 단단하게 할 테니.

사랑하는 것을 겁내지 마라.
아빠는 평생 마음의 문을 걸어 잠갔지만
너는 온 마음으로 사랑하고, 뜨겁게 아파보렴.
그것이 살아있다는 증거란다.

탁, 하고 스탠드에 불이 켜진다.
나는 이 작은 불빛 아래서, 기도한다.
너는 세상을 향해 흘러가는 강물이 되어라.
소리 내어 울고, 마음껏 웃으며
때로는 바위를 만나 부서지고, 때로는 굽이치며
너만의 바다를 향해 나아가라.

나는 언제나, 너의 강이 시작된 이 언덕에서
너의 모든 흐름을 응원할 것이다.
네가 저 먼바다에 닿아 보이지 않을 때에도,
내 귀에는, 너의 강물 소리가 흐를 테니.

등대

나는 등대지기가 아니다.
늦은 밤, 거실 소파의 푹 꺼진 자리에 몸을 묻고
너희가 돌아올 현관 불빛만 바라보는,
세상에서 가장 낡은, 파수꾼일 뿐.
이 집이 나의 등대고,
저 현관문이 세상의 모든 파도가 들이치는
나의 위태로운 항구다.

등불은 때로, 위태롭게 깜빡인다.
소주 몇 잔에 천근만근 무거워진 눈꺼풀이
꾸벅, 내려앉고
삐걱이는 허리가 녹슨 철골처럼 비명을 지른다.
너희의 늦은 귀가 소식이 파도처럼 거친 밤이면
내 남은 생이 타들어 가는 냄새가 나지만,
나는 그저, 아무렇지 않은 척
소리 없는 TV 화면만 밤새도록 핥는다.

나는 좋은 아버지가 되는 법을 배우지 못했다.

따뜻한 말을 건네는 법도,

다정히 안아주는 법도 몰랐기에

그저, 등대가 되기로 했다.

가까이 다가와 안기는 대신,

멀리서 너희의 뱃길만 비추는 것으로

나의 모든 사랑을 대신했다.

너희는 언젠가 저 수평선 너머로 떠나고

이 등대에 나 홀로 남아

빛이 바래고, 몸이 소금기 절은 바람에 부서져도

나는 끝내, 이 항구를 떠나지 못할 것이다.

떠나간 배들이 돌아오지 않아도,

등대는 제자리를 지키므로.

세상의 모든 폭풍우에 길 잃고 헤매다

문득 너희가 돌아볼 그 어느 날,

아주 희미한 불빛 하나라도 보일 수 있도록.

돌아올 곳 하나쯤은 세상에 남겨두는 것.

그것이,

좋은 아버지는 되지 못했지만

너희의 마지막 등대는 되고 싶었던,

한 서툰 남자의, 유일하고도 전부였던 사랑이다.

빚진 자들의 저녁상

"그 많은 빚, 왜 우리가 다 떠안아야 해?"
딸의 쏘아붙이는 말에, 밥알이 목에 걸린다.
설득은 개뿔.
어른들이 질펀하게 벌여놓은 판,
그 너덜너덜한 빚문서는 핏줄에 흐르는 녹물 같다.

누가, 언제, 얼마나 큰 사고를 쳤을까.
밤낮으로 허리가 휘어라 갚아도
끝내 이자만 쌓여가는,
이 지독한 빚.

아내와 바가지 긁던 어느 밤,
코맹맹이 소리로 "미안해"하며 엉겨 붙다
등짝이 불나도록 얻어맞았지만
나는 두 팔 가득, 멍청하게 힘을 주고 버텼다.

"또 그러면 진짜 끝이야."
엄포를 놓다 피식, 웃음이 터진 아내.
"밥은?"
그 한마디가 내 명치를 훅, 하고 친다.

엉망으로 꼬인 빚이
우리 일상을 짓누르는 저녁에도
김이 모락모락 나는 밥상에 마주 앉으면,
거기엔 서툰 용서와
질긴 기다림이 눅진하게 배어든다.

그렇게

빛 대신 밥을 나누며

서로의 그림자를 말없이 다독이는 것.

그 구질구질함으로 우리는

오늘 하루를 또, 버텨낸다.

어떤 아버지로

너희가 잠든 늦은 밤,

불 꺼진 거실 소파에 홀로 앉아

너희가 벗어둔 겉옷을 가만히, 개킨다.

여기저기 긁힌 상처와 흙먼지 냄새.

오늘 하루, 너희가 건너온 세상의 파도를 본다.

먼 훗날, 너희의 기억 속에서

나는 어떤 모습일까.

위대한 사람은 아니었지만

지친 어깨를 기댈, 이 낡은 소파 정도는 되었을까.

화려한 말은 못 했지만

따뜻한 밥 한 그릇의 온기는 남겨주었을까.

아니,

그저 이 소파처럼

세상의 모든 소란이 멎은 이 밤,

아무것도 묻지 않고

너희의 헝클어진 시간을 잠시, 받아주는

삐걱거리지만, 언제나 그 자리에 있는

그런 온기로 기억되고 싶다.

너희 삶의 모든 문장이 될 수는 없겠지만

지친 어느 날, 문득 펼쳐본 책갈피 속에서

발견하는 작은 위로,

나는, 그런 쉼표이고 싶다.

제4부

모든 점을 껴안고

마지막 서랍을 닫으며,
당신의 서랍에게

 모든 계절을 지나온 한 남자가, 저문 강에 자신의 얼룩진 그림자를 씻어낸다. 그는 더 이상 과거를 원망하지도, 미래를 조급해하지도 않는다. 잿빛으로 흩어져 있던 삶의 모든 점은 이제, 밤하늘의 흉터가 아닌 제자리를 찾은 희미한 별자리가 된다. 모든 상처와 화해하고 마침내 자기 자신에게로 돌아온 한 남자의 마지막 풍경. 그리고 이제, 당신의 서랍을 열 차례다.

B612호(號) 행성 관리인의 독백

어린 왕자에게,

네가 떠난 후 이 별은, 지독한 열병을 앓고 있단다.

별의 숨이 가빠지고,

이마에선 빙하가 식은땀처럼 녹아내린다.

서로를 밀어내는 바오밥나무 뿌리가

별의 심장에 쩍, 하고 금을 내어

우리는 서로의 얼굴을 비추지 못하는

깨진 거울 조각들이 되었다.

어른들은 여전히, 텅 빈 메아리처럼 떠드는구나.

'이념'과 '생존'이라는 방패 뒤에 숨어

서로를 향해 날을 세우느라,

더는 새로운 장미가 피지 않는 이 행성의 신음에는
귀를 막아버린 지 오래다.

열에 들뜬 아이의 가쁜 숨소리 곁에서
나는 내일의 빛을 끌어와 오늘의 서늘함을 산다.
찰칵, 에어컨을 켠다.
기계의 차가운 숨소리가,
아이의 뜨거운 숨소리를 덮는다.
내 아이를 위해, 나는 기꺼이
이 별의 위대한 죄인이 된다.

잠든 아이의 방문을 조심스럽게 열자,
까르르, 꿈속에서 웃는 소리가 새어 나온다.
그 작은 파장이 닿는 아주 잠시 동안,
신기하게도 거실을 채우던
세상의 모든 비명과 경고음이 멎고
펄펄 끓던 이 행성의 열꽃이,

거짓말처럼 잠시 가라앉는다.
아이의 웃음소리가
이 별의 유일한 해열제(解熱劑)인 것을,
똑똑한 어른들은 아직도 모르는 것 같다.

나는 오늘 너를 대신해,
젖은 수건으로 내 아이의 이마를 닦는다.
이 잿더미 같은 행성 위에서
꺼져가는 희망의 불씨 하나를 되살리는,
아주 작고 무력한 이 일이,

내 아이가 내일 아침에도
너처럼, 아무것도 모른 채
마흔네 번째의 새로운 노을을
무사히 볼 수 있게 하는
유일한 기도임을 나는 안다.

그것이 이 엉망진창 행성에 버려진

한 어른에게 남겨진

가장 작고도 가장 무거운, 단 하나의 전부(全部)이므로.

사계절의 변명

1. 봄, 알레르기

세상이, 또 시작이래.
나만 빼고 다들 바쁜 것 같아.
겨우내 언 땅도 제 몸을 여는데
너는 왜 그냥 있냐고.
다정함이라는 이름의 채찍질.

미안하지만,
나는, 섣부른 희망에 알레르기가 있는 사람.
작년에 야심 차게 들였던 로즈마리는
결국 말라비틀어진 채 발견되었고,

어설픈 시작은 늘 상처로 끝난다는 걸
나는 너무 일찍 알아버렸거든.

박수받는 목련으로 피지 않아도 괜찮아.
나는 그냥,
햇살에 말랑해진 흙냄새에 코를 박고
지난 계절의 실패를 복기할래.
이름 모를 들풀 옆에 쭈그려 앉아

생존의 비결이나 엿들을래.
내게 봄은, 경연이 아니라 견디는 것.
아직 죽지 못한 나를, 가만히 들여다보는 것.

제4부 모든 짐을 껴안고

2. 여름의 이명(耳鳴)

 목청껏 우는 매미 소리에 겹쳐 아버지의 쉬어버린 고성이 들려왔다 그날 밤 마른번개가 마당을 할퀼 때마다 방문이 위태롭게 덜컹거렸고 어머니의 울음소리는 깨지던 접시 소리에 묻혔다 아지랑이 피어오르는 세상의 한가운데서 나만, 낡고 빛바랜 흑백사진처럼 멈춰 있다 모두가 뜨거운데, 나만 이가 시리도록 서늘해서 미안하다 심장이 땀 흘리는 법을 잊어버린 사람처럼.

 나는 그냥.
 땡볕 피해 들어간 낡은 찬마루에 등을 대고 눕는다.
 삐걱이는 나무의 결을 온몸으로 느끼며, 시간을 지운다.
 얼음 동동 띄운 냉수 한 잔.
 소금을 조금, 아주 조금 타서 마신다.
 내 유년의 모든 땀과 눈물이 녹아든 그 짠맛.

세상은 내게 정열을 권하지만,

뜨거워서 곪아버렸던 기억을 식히는 것.

그렇게 나의 여름은, 소리 없이 지나간다.

3. 가을, 빈 주머니를 털어

하늘이 높아
게을러도 용서가 된다는 건,
가을의 너그러운 거짓말.

모두가 풍성하게 거두어들일 때
나는 그제야 흩뿌리기 시작한다.
주머니 속 쌈짓돈처럼 아껴온 기억들을
낙엽처럼. 아무 미련 없이.

사랑도 미움도, 이만하면 되었다고
주렁주렁 매달았던 욕심들을,
하나씩, 툭, 하고 내려놓는다.
나는 이 계절의 쓸쓸한 관대함에 기댄다.

내게 수확이란,

남의 창고를 기웃거리는 일이 아니라

모든 것이 떠나간 내 텅 빈 들녘에서

비로소, 나와 마주 앉는 일.

길 잃은 바람의 어깨를

말없이 토닥여주는 일.

4. 가장 낮은 곳에서, 다시

입김이
허공에 이름을 새기다
부서진다.

세상은 앙상한 뼈만 남고
모든 길은 제 밑천을 다 드러낸다.
좋은 계절이다. 군더더기가 없어서.

전기가 끊겼던 그 밤의 냉기는
이제 트라우마가 아니라
가장 적은 비용으로 온기를 얻는 법을 알려준
고마운 스승이다.
(해법: 서로의 그림자에 기대어 온기를 쬐는 것)

언 손을 녹이는 건

타오르는 장작불이 아니라,

성에 낀 유리창에 아이가 입김으로 그려놓은

동그란 해님,

그 너머로 보이는 희미한 가로등 불빛.

저 작은 것이, 기어이 밤을 이긴다.

가장 추운 밤에야

별은 제 몸을 깎아 가장 또렷하게 빛나고,

우리는 가장 낮은 곳에 모여 앉아

아주 느리게, 그러나 단단하게

얼어붙은 땅 밑에서 조용히 움틀

봄의 첫 싹이 돋아날 지도를 그린다.

나의 작가들

스무 살,
나는 기형도의 안갯속을 헤맸고
정호승의 소주잔을 기울이며
찢겨진 청춘을 위로했다.
그들의 문장이 내 어눌한 독백을 대신해 주었다.

서른 살,
나는 안도현의 연탄재를 보며
함부로 발로 차지 못할 삶의 무게를 배웠고
신경림의 농무 속에서
아버지들의 지친 어깨를 보았다.
시가 현실의 다른 이름임을 알았다.

마흔 살,

나는 나태주의 풀꽃 앞에서

자세히 보아야 예쁘다는 말을 외웠고

황석영의 대지를 걸으며

비로소, 내 삶의 작은 역사들을 긍정했다.

화해하는 법을 배웠다.

그들은 나의 길이었고, 나의 창이었으며

때로는, 나 자신이었다.

내가 길을 잃을 때마다

그들의 책을 펼쳤다.

책갈피마다, 나의 다른 얼굴들이 묻어 있었다.

어느 늦은 오후,
필로소피아를 산책하다

마혼일곱,

나는 레테의 강을 찾아 헤맸다.

모든 것을 잊게 해준다는 그 망각의 강.

내비게이션에도 없는 그 강은, 그러나

내 손안의 차가운 유리창 속에 흐르고 있었다.

잠 못 드는 밤이면,

나는 그 푸른 강물(스마트폰 불빛)에 얼굴을 묻고

어제의 나를 필사적으로 지우려 했다.

넘치는 정보와 현란한 웃음들 속에서

나는 잠시, 길을 잃었으나

결코, 나를 잊지는 못했다.

강은 망각 대신, 더 깊은 불면을 선물했다.

"너는 누구냐" 묻는 서늘한 목소리가

내 안의 광장을 울렸다.

나는 그 말이 무서워

평생을 거울 앞에서 서성였다.

면도 거품을 걷어낸 자리에, 낯선 사내가 산다.

평생을 도망쳐온 아버지의 그늘이

깊은 주름으로 새겨져 있고,

내가 버리고 온 어린 날의 울음이

젖은 눈빛으로 고여 있다.

그가 나라고 말할까 두려워서.

마음의 평온을 찾아 떠난 길 위에서

내 마음은 언제나 전쟁터였다.

믿었던 어깨들이 등을 떠밀던 벼랑 아래서,

나는 세상의 모든 소음이 멎는 것을 들었다.

그 잿더미 속에서 나를 일으켜 세운 것은

고결한 철학이 아니라,

소리 내어 울지도 못하던 아내의 마른 울음이었다.
횡성의 찬물에 밥을 말아 먹던 저녁,
그 맨밥의 온기야말로 내 생의 유일한 평온이었음을.

사랑과 죽음, 그 어려운 말을 나는 잘 모른다.
다만,
캄캄한 탄광촌,
우리 삼 남매의 저녁밥이 걸린 등불을 향해
화염이 혀를 날름거리던 그 밤,
불붙은 석유통을 맨발로 걷어차던
어머니의 그 잔인한 사랑을 기억할 뿐이다.
나는,
불타 하얗게 익은 당신의 속살을 뜯어 먹고 자란
잔인한 아들이었을 뿐.
그것이 나의 사랑이자, 나의 죽음이었다.

죽음을 향해, 나는 매일 걸어간다.
슈퍼 앞 평상에서 쓰디쓴 소주를 들이켜는
저 늙은 사내들의 자글자글한 주름 속에서
나는 나의 내일을 본다.
한때, 내 머릿속에서도
두더지처럼 쉴 새 없이 솟구치던 것들이 있었다.
튀어나오면, 그냥 내려치면 그만이었다.
이제 나는 망치를 들기 전,
너무 많은 계산을 한다.
생각이 길어질수록 다리는 무거워지고,
간신히 휘두른 망치는
이미 사라진 허공을, 민망하게 가를 뿐이다.

어머니는 평생, 같은 후회를 국에 말아 드셨다.
"외할머니가 나를, 공부만 시켰어도…"
나는 그 한탄을 자장가 삼아 자랐는데,
마흔아홉,

나 역시 똑같은 후회를 소주에 타서 마신다.
"사업은, 젊을 때 했어야 했는데…"
어머니의 '만약'과 나의 '만약'은
참 서글프게도, 같은 맛이 났다.

결국, 모든 것은 이어진다.
잊으려 했던 레테의 강물도,
거울 속 아버지의 얼굴도,
벼랑 아래에서의 절망도,
어머니의 흉터도,
그리고 망설이다 놓쳐버린 수많은 두더지들도.
그 모든 구질구질한 점들이 이어져
오늘의 나라는,
서툴고 삐뚤빼뚤한 별자리 하나를 만들었다.

나는 이제,
더는 강을 찾아 헤매지 않는다.

그저, 저문 강에 내 지친 그림자를 씻고

내일 아침,

또다시 어정쩡한 자세로 레인 앞에 설 뿐이다.

스트라이크가 아니어도 좋다.

남은 핀 몇 개,

어떻게든 처리하며 한 프레임, 또 한 프레임

나아갈 뿐이다.

그것이 나의 서툰, 필로소피아다.

나의 서툰 항해 일지

어김없이, 어젯밤의 내가
오늘 아침의 나를 향해 이불 속에서 하이킥을 날린다.
'왜 그런 얘기를 했을까, 왜 그런 표정을 지었을까.'
밤새 뒤척이며 수십 번 복기해봐도
정답 없는 시험지 위로,
엉망으로 꼬인 실타래만 남는다.

비겁한 저울질 위에서 위태롭게 흔들릴 때마다
살갗 아래, 아주 오래된 흉터가 먼저 알았다.
뜨거운 통증으로, '그 길은 틀렸다'
'그 마음은 가짜다', 소리 없는 비명을 질렀지만,
나는 그 아픈 신호(信號)를
얼마나 무시하며 살아왔던가.

그 모든 통증의 끝에서 나는 비로소 깨닫는다.
내 인생의 유일한 나침반은
언제나, 고장 난 채 흔들리던

내 심장의, 그 바보 같은 바늘이었음을.
어설프고 투박해도, 그 바늘이 가리키는 방향으로
묵묵히 걸어갔을 때,

나는 적어도 길 위에서 홀로 울지는 않았다.
그 진심을 알아봐 주는 사람이,
내 세상의 전부였으므로.

누군가는 점을 이어 선을 만들라 했지.
돌아보니 내 삶은
찬란한 역사보다 흑역사가 더 많은,
얼룩투성이 지도였다.
하지만 그 모든 구질구질한 점들이 이어져
결국, 오늘의 나라는 별자리를 만들었다.
실패라 여겼던 그 밤의 점 하나가 없었다면,
오늘의 이 작은 빛은 결코 없었을 것이다.

뜻대로 되는 일보다 되지 않는 일이 훨씬 많은

이 지독한 항해 위에서,

나는 오늘도 용기를 내어 새로운 점을 찍는다.

지금은 보잘것없는 실수처럼 보여도,

훗날 내 삶의 지도를 완성할

가장 반짝이는 별이 될지도 모를,

그런 점 하나를.

흉터는 상처가 아문 자리다

돌아보면,
모든 순간이 선물이었다고는 말하지 않겠다.
어떤 순간은 명백히, 악몽이었다.
그 밤의 어둠이 촛불의 소중함을,
그날의 허기가 밥 한 그릇의 온기를 알게 했다는,
그따위 세련된 거짓말은 하지 않겠다.
악몽은, 그저 악몽일 뿐이었다.

다만,
벽에 부딪혀 으스러졌던 주먹의 흉터는
섣부른 분노가 솟구칠 때마다 먼저, 욱신거리고
수천 번 수화기를 붙들었던 손의 굳은살은

책임의 무게를 잊지 말라며 손바닥을 파고든다.
어머니의 한숨에 패인 미간의 깊은 주름은
이제 거울 속, 내 이마의 풍경이 되었다.

흉터는,
지워야 할 얼룩이 아니라
내 몸이 통째로 겪어낸 계절의 기록,
지워지지 않는 나이테다.
가장 아팠던 계절에 가장 촘촘하게 새겨진,
그 기록 덕분에, 나는 아직 부러지지 않았다.

그러니 나는, 그럼에도 불구하고
나의 모든 날들을 껴안는다.
내 몸뚱어리의 이 금 간 흔적들을,
더는 가리지 않는다.
그것이야말로 내가 평생을 걸어,
내 피와 눈물로 빚은 금가루를 발라

더 단단하고 눈부시게 메워온,

나의 유일한 지도이므로.

나의 이름은

나는,
내게 이름 붙여주지 못한
수많은 나(我)를 위해 글을 쓴다.
전기가 끊긴 방에서 울던 아이와
눈칫밥에 체했던 소년과
사랑을 잃고 부서졌던 청년의 이름을,
하나씩, 불러내기 위해.

지우고 싶던 나의 얼룩들을,
서툰 문장이라는 풀을 쑤어
흩어진 내 삶의 조각들을
밤새도록, 어설프게 기워 맞춘다.

울고 있던 아이의 등을 쓸어주고,
주먹을 쥐던 소년의 밥그릇을 채우고,
부서졌던 청년의 어깨를 말없이 다독이며.

그러다 문득, 엉망으로 기워 붙인 그 조각들 위로
낯익은 얼굴 하나가, 어른거린다.
아,
그 모든 잿빛 얼룩과 구질구질한 흉터들이
바보처럼, 전부 나였구나.

이 긴 글의 끝에서 마침내,
그 모든 나와 한 식탁에 둘러앉아
밥 한 숟갈을 함께 뜨는
나의 가장 길고 서툰, 저녁 식사가 시작된다.

소년에게

어둠이 내린 골목길 모퉁이에서,
나는 너를 만난다.
전기가 끊긴 방의 냉기를 온몸에 두르고,
멎어버린 열차의 찬 공기 속에서 길을 잃은,
웅크린 어깨의 너를.

네가 그 밤 흘렸던 눈물이 모여
내가 건너온 이 깊은 강이 되었고,
네 앙상했던 어깨가 아물어
내가 딛고 선 이 단단한 땅이 되었다.
너는 나의 가장 아픈 뿌리였고,
가장 눈부신 시작이었다.

고생했다,

나의 아팠던 모든 밤들아.

이제 와서야, 뒤늦게

너의 작은 등 뒤로 다가가

서툰 팔로, 너를 힘껏, 끌어안는다.

그리고 이제,

너와 나의 모든 밤들이 마침내 눈 맞춘 이 자리에서,

이 시의 마지막 문장을 읽고 있을

세상의 모든 웅크린 어깨들을 향해,

나의 모든 상처를 그러모아

당신을, 안아주마.

마흔아홉, 나의 모든 날들에게

잘 버텨왔다, 여기까지.

참 애썼다, 그 모든 계절.

눈가의 주름은 네가 건너온 강물이고

희끗한 머리카락은 네가 새겨온 훈장이니,

상처 입은 소년을 더는 다그치지 말자.

그 모든 흉터가 너를 더욱 빛나게 하니.

너는 세상의 모든 파도를 막는 등대가 아니었다.

그저 비바람 속에서 제자리를 지키던

한 그루의 나무였다.

몇 개의 가지가 부러지고

모든 잎이 떨어진 날도 있었지만,

너는 끝내, 여기에 뿌리내려
다시, 새잎을 틔울 준비를 한다.

그러니 이제 고개를 들어라, 나의 친구여.
짠 내 나는 어깨를 툭, 털어내고 웃어주렴.
인생이란 원래, 넘어지고 깨지며
자기만의 꽃을 피우는 것이라고.
아직 우리의 진짜 후반전은 시작되지도 않았으니,
다시 한번, 심장을 뛰게 하자.
브라보, 브라보, 우리의 모든 날들이여!

살아내는 것, 나의 희망가

밤의 국도는 나의 눈물을 마시며 길게 누워 있었다.
닳아빠진 주파수에서 흘러나온 낡은 노래는
어느새, 내 젖은 낯을 한 겹 더 씌운 내 것이 되었다.

부서진 것들을 그러모아 여기까지 왔다.
전기가 끊긴 방에서 울던 소년의 그림자와
벼랑 끝에서 떨던 가장의 악몽과
사랑을 잃고 부서졌던 청년의 잿더미를,
모두 쓸어 담아 여기까지, 더디게 왔다.

깨진 심장의 조각들로 길을 밝히며,
울음 끝에, 이를 악물던 그 힘으로
나는 세상의 신이 아닌,
나의 유일한 기도가 되었다.

지나온 시간을 돌릴 수는 없기에
모든 계절을 온몸으로 앓았다.
봄의 배신과 여름의 열병, 가을의 상실과 겨울의 고독,
그 모든 풍경이 내 안에 흉터로 남아
나를 더 깊은 곳으로 밀어 넣었다.
세상 끝나는 날, 후회는 없도록
오늘의 지평선 너머로 어제의 나를 떠나보낸다.

이제 희망은,
저 멀리 빛나는 별이 아니라
칠흑 같은 어둠 속에서 기어이 길을 찾아내는
나의 두 눈 속에 있다.

언젠가 찾아올 좋은 날에 대한 헛된 기대가 아니라
오늘을 딛고 넘어져도 다시, 기어이 내일의 문을 여는
나의 두 발에 새겨진 단단한 굳은살 속에 있다.

희망은 명사가 아니라, 동사다.
살아내는 것,
오늘 하루를 기어이, 살아내는 것.
그것이 내가 부르는, 나의 유일한 희망가다.
내 낡은 지도의 마지막 점을,
나는 오늘, 여기에 찍는다

⟨범필로그⟩

레테의 강을 건너, 세상의 끝으로

서두
망각의 강을 건너는 사내

　고대 인류는 죽음 이후의 여정을 망각의 강으로 상상했다. 하데스의 땅에 다다르기 전, 그 이름 모를 강물을 마시고 모든 과거를 지우려는 영혼들처럼, 나는 서울을 떠나 대서양을 건너며 그 바다를 '레테의 강'이라 부르기로 했다. 그 강을 넘어가는 동안만큼은 나의 이름도, 직함도, 모든 정체도 잊고 오롯이 '길 위의 나'로 존재하고자 했다. 이미 시위에서 떠난 화살처럼, 후회 없이, 돌아섬 없음을 굳게 다짐하며.

마흔일곱. 무언가를 새로 시작하기엔 너무 닳아버렸고, 모든 것을 끝내기엔 아직 살아 숨 쉬는 어정쩡한 나이. 나는 내 삶이라는 낡은 외투를 벗어 던지고 싶었다. '양 대표'라는 무거운 명패와 '가장'이라는 숭고한 족쇄, 그리고 수많은 관계 속에서 나도 모르게 쓰고 있던 수십 개의 가면들. 그 모든 것을 인천공항 쓰레기통에 구겨 넣고 비행기에 올랐다. 15시간의 비행 끝에 마드리드, 다시 13시간을 날아 리마. 30시간 가까이 철제 동체에 갇혀 대서양 위를 부유하는 동안, 나는 기꺼이 미아가 되었다. 이 바다가 레테의 강이다. 나는 지금 그 강을 건넌다. 나는 망각할 것이다.

가장 먼저 잊어야 할 것은 '나그네는 깡'이라는 낡은 신조였다. 그 깡은 때로 나를 지켜주었지만, 때로는 나를 무모한 절벽으로 내몰았다. 이제 필요한 것은 계산된 용기가 아니라, 모든 것을 내려놓는 평온함이었다. 아프면 망한다. 건강이 최고다. 여행은 채우는 것이 아니라 비워내는 것이다. 나는 낡은 수첩 첫 장에 '여백'이라고 썼다. 7주의 여정 가운데 다섯 번의 온전한 쉼을 미리 정했다. 그것이 이번 여행의 유일한 계획이었다.

범필로그

1부 고산의 숨, 잉카의 심장

리마, 이카, 나스카: 망각의 첫걸음, 사막의 세례

리마의 첫 공기는 축축하고 비릿했다. 태평양의 습기를 머금은 안개 '가루아'가 도시 전체를 잿빛으로 물들이고 있었다. 스페인 식민지 시절의 화려한 건물들과 그 뒤편으로 무질서하게 뻗어 나간, 철근이 삐죽삐죽 솟은 미완성 건물들의 부조화. 그 혼돈 속에서 나는 완벽한 이방인이었다. 누구도 나를 알아보지 못했고, 나 역시 누구에게도 나를 설명할 필요가 없었다. 그것은 무서운 자유이자, 서늘한 해방감이었다.

망각을 위한 첫 여정은 사막으로 향했다. 리마를 벗어나 다섯 시간을 달려 도착한 이카의 와카치나 사막. 그곳은 내가 알던 세상의 모든 풍경을 지워버리는 거대한 백지였다. 오아시스 주변의 소란을 뒤로하고 버기카에 몸을 실었다. 굉음과 함께 사구를 질주하는 철제 괴물은, 내 안에 남은 마지막 평온마저

산산조각 내는 듯했다. 90도로 꺾어지는 모래 절벽을 곤두박질칠 때마다, 내장을 뒤흔드는 격렬한 진동 속에서 비명 대신 웃음이 터져 나왔다. 그래, 이 지독한 흔들림이야말로 내가 원했던 것인지도 모른다. 안정된 궤도를 이탈하는 것, 예측 불가능한 세상 속으로 온몸을 던지는 것. 낡은 샌드보드에 엎드려 모래 언덕을 미끄러져 내릴 때, 내 얼굴을 할퀴고 지나가는 뜨거운 모래바람이 지난 세월의 먼지를 씻어내는 듯했다.

다음 날, 경비행기에 몸을 싣고 나스카 라인 위를 날았다. 누가, 왜, 무엇을 위해 이 거대한 그림들을 사막 위에 새겨놓았을까. 인간의 상상력을 훌쩍 뛰어넘는 그 거대한 문양들 앞에서, 땅 위에서 아등바등 살아온 내 삶의 궤적이 얼마나 작고 보잘것없었는지를 깨달았다. 어쩌면 내 인생에도, 지금은 의미를 알 수 없는 수많은 선들이 그어져 있는 것은 아닐까. 실패와 후회라 여겼던 그 모든 시간의 흔적들이, 아주 먼 훗날 하늘에서 내려다보면 하나의 의미 있는 문양을 이루고 있을지도 모른다는, 부질없는 위로를 얻었다.

쿠스코, 마추픽추: 고통의 세례, 영혼의 정화

사막의 열기를 뒤로하고 도착한 쿠스코는 해발 3,400미터, 하늘과 가장 가까운 도시였다. 공항에 내리자마자 다른 차원의 중력이 나를 짓눌렀다. 머리를 조여 오는 투명한 띠, 폐부까지 닿지 못하고 흩어지는 얕은 숨. 이것이 말로만 듣던 '소로체', 고산증이었다. 몸이 내 의지를 배신하는 첫 경험 앞에서, 나는 오만했던 지난날들을 떠올렸다. 177센티미터에 95킬로그램. 이 육신을 믿고 떠나온 마흔일곱의 나는, 그저 산소 부족에 헐떡이는 연약한 포유류일 뿐이었다.

코카잎을 씹고, 약을 삼켜도 밤새 머리는 깨질 듯 아팠고, 길거리에서 몇 번이고 위액을 게워 냈다. 잉카인들이 신성시했다는 코리칸차의 황금 신전도, 사삭이와만의 거대한 돌들도, 내 고통 앞에서는 그저 풍경일 뿐이었다. 몸이 아프니, 레테의 강 저편에 두고 온 집이 사무치게 그리워졌다. 망각을 향한 여정은, 이토록 혹독한 대가를 요구하고 있었다.

고통의 정점은 마추픽추로 향하는 길에서 찾아왔다. 갑작스러운 기차 파업. 이 길 아니면 갈 수 없다는 절망적인 소식. 그러나 포기할 수는 없었다. 시위를 떠난 화살은 돌아갈 수 없으므로. 현지인들이 일러준 대로, 나는 깜깜한 새벽 4시에 길을 나섰다. 비는 추적추적 내리고, 헤드랜턴 불빛 하나에 의지한 채, 수많은 여행자와 함께 끝이 보이지 않는 기찻길을 걷기 시작했다.

오른쪽으로는 성난 강물이 검은 아가리를 벌리고 있었고, 발밑의 축축한 자갈들은 위태롭게 흔들렸다. 한 치 앞도 보이지 않는 어둠 속에서, 나는 오직 앞사람의 희미한 발소리에 의지해 걸었다. 귓가에서는 보이지 않는 흡혈 모기떼가 윙윙거렸고, 온몸은 비와 땀으로 축축하게 젖어갔다. 몇 시간을 걸었을까. 동이 트고, 마침내 저 멀리 아구아스 칼리엔테스의 불빛이 보였을 때, 나는 거의 탈진 상태였다.

그렇게 지옥 같은 행군 끝에 도착한 마추픽추는, 그러나 아무엇도 보여주지 않았다. 한 치 앞도 보이지 않는 짙은 안개. 허탈함에 주저앉아 차가운 돌벽에 등을 기댔다. 내 고생이, 내 절박함이 고작 이 희뿌연 안개를 보기 위함이었나. 원망과 체념이 뒤섞여 눈물이 날 것 같던 바로 그 순간, 거짓말 같은 일이 일어났다.

바람이 불고, 거대한 커튼이 걷히듯 안개가 서서히 걷히기 시작했다. 그러자 안개 너머로, 꿈결처럼, 비현실적인 풍경이 드러났다. 하늘에 떠 있는 도시, 구름 위에 세워진 성채. 인간의 언어로는 도저히 형용할 수 없는 그 장엄하고 신비로운 풍경 앞에서, 나는 숨 쉬는 것조차 잊었다. 지난밤의 모든 고통과 서러움이, 이 한순간을 위한 거룩한 제의(祭儀)였음을 깨달았다. 안개가 걷힌 것은 눈앞의 풍경만이 아니었다. 내 마음을 짓누르던 과거의 상처와 미래에 대한 불안, 그 모든 것들이 저 신비로운 공중 도시의 풍경 속으로 빨려 들어가 정화되는 듯했다. 나는 그곳에서 한참을 울었다. 잊고 싶었던 과거의 나를, 그러나 이제는 똑바로 마주할 수 있을 것 같았다. 고통은 사라지지 않았지만, 그 고통을 감당할 힘을 얻었다. 그것은 망각이 아니라, 정화이자 부활이었다.

2부 하늘의 바다, 세상의 끝

푸노, 라파스: 하늘에 걸린 바다, 세상의 지붕

마추픽추에서 얻은 영혼의 충만함과 달리, 육체는 여전히 고산의 중력에 신음하고 있었다. 버스를 타고 해발 3,800미터의 푸노로 향하는 길은, 마치 구름 위를 달리는 듯 비현실적이었다. 그 길의 끝에서 만난 티티카카는 호수가 아니었다. 그것은 하늘에 떠 있는 바다였다. 끝이 보이지 않는 수평선 너머로 만년설이 왕관처럼 빛나고 있었고, 바다처럼 파도가 쳤다. 그 시리도록 푸른 물빛은, 세상의 모든 슬픔을 머금은 듯 깊고 고요했다. 나는 그 광활함 앞에서, 내 개인의 슬픔이 얼마나 작은 것인지를 다시 한번 깨달았다.

토토라 갈대를 엮어 만든 우로스섬에 발을 디뎠을 때, 발밑이 물컹거렸다. 땅이되 땅이 아닌 곳, 현실이되 현실이 아닌 듯한 곳. 그 위에서 살아가는 사람들의 삶은 얼마나 위태롭고도 강인한가. 관광객들을 향해 부르는 그들의 노래는 생존을 위한 몸부림처럼 들려 애처로우면서도, 그 척박한 환경 속에서 대를 이어온 그들의 생명력에 경외감이 들었다. 그들의 작은 손으로 만든 갈대 공예품을 사며, 나는 나의 복잡한 고민들이 얼마나 사치스러운 것이었는지를 생각했다.

국경을 넘어 도착한 볼리비아의 라파스는 나를 다시 한번 압도했다. 해발 3,600미터, 분지 안에 빼곡히 들어찬 붉은 벽돌집들은 마치 거대한 개미굴을 연상시켰다. 케이블카를 타고 도시의 상공을 가로지를 때, 발밑으로는 가난과 활기가 뒤섞인 도시의 풍경이, 눈앞으로는 안데스의 설산이 병풍처럼 펼쳐졌다. 세상의 지붕 위에서, 나는 지상의 모든 소음으로부터 멀어져 가는 듯한 기묘한 평온을 느꼈다. 서울의 마천루가 욕망의 수직 상승이라면, 이곳의 집들은 생존을 위한 수평적 연대처럼 보였다.

우유니: 소금사막, 별의 바다

 우유니로 향하는 길은 고행이었다. 낡은 지프차에 몸을 싣고 끝없이 펼쳐진 황야를 몇 시간이고 달렸다. 창밖으로는 현실감 없는 풍경들이 스쳐 지나갔다. 붉은 호수와 초록 호수, 기암괴석과 플라밍고 떼. 지구의 것이 아닌 듯한 그 풍경들 속에서, 인간이라는 존재는 한없이 작아졌다. 고된 여정에 지쳐갈 때쯤, 세상의 모든 색이 사라졌다.

 그리고 마침내, 우유니 소금사막에 들어섰다.
 세상은 온통 흰색이었다. 하늘과 땅의 경계가 사라진 순백의 공간. 발밑에서는 소금 결정이 보석처럼 반짝였고, 저 멀리 수평선은 아지랑이처럼 아른거렸다. 물이 얕게 고인 곳에 차가 멈춰 섰다. 세상에. 하늘이, 내 발밑에 있었다. 구름이 발가락 사이를 간질이며 흘러갔고, 나는 마치 하늘 위를 걷는 신이라도 된 듯한 착각에 빠졌다. 그 거대한 거울 위에서, 나는 평생 처음으로 나의 온전한 모습을 보았다. 땅에 발 딛고 선 나와,

하늘에 비친 또 다른 나. 둘은 완벽한 대칭을 이루고 있었다.

밤이 되자, 우유니는 진짜 우주가 되었다. 쏟아질 듯한 별들이 하늘과 땅에 동시에 박혀, 어디까지가 하늘이고 어디부터가 땅인지 분간할 수 없었다. 은하수가 머리 위와 발밑에서 동시에 강물처럼 흘렀다. 그 비현실적인 풍경 속에서 나는 소리 내어 울었다. 잊기 위해 떠나왔는데, 나는 이곳에서 내 인생 가장 잊을 수 없는 풍경을 만나고 있었다. 어쩌면 망각이란, 과거를 지우는 것이 아니라 이토록 거대한 아름다움으로 과거의 상처를 덮어쓰는 과정일지도 모른다는 생각이 들었다. 우유니의 별들은 내 마음속 어둠을 지워낸 것이 아니라, 그 어둠 속에서 더 밝게 빛나는 법을 가르쳐주었다.

파타고니아: 바람의 땅, 빙하의 노래

칠레의 산 페드로 데 아타카마를 거쳐 파타고니아의 관문, 푸에르토 나탈레스에 도착했을 때, 나는 바람의 세례를 받았다. 몸을 가누기 힘들 정도로 몰아치는 극지의 바람은, 내 안에 남은 마지막 오만마저 날려버리는 듯했다. 그것은 단순한 바람이 아니라, 이 땅의 거친 영혼 그 자체였다. 토레스 델 파이네의 삼봉(三峯)은 구름 속에 제 모습을 감추었지만, 에메랄드빛 호수와 야생의 과나코들은 바람의 땅이 품고 있는 거친 생명력을 보여주었다.

아르헨티나로 넘어가 만난 모레노 빙하는, 내 인생의 시간을 다시 생각하게 했다. 수만 년의 세월이 압축된 거대한 얼음덩어리가, 제 무게를 이기지 못하고 천둥 같은 소리를 내며 무너져 내리는 풍경. 그 장엄하고도 서늘한 붕괴 앞에서, 영원할 것만 같았던 나의 시간, 나의 상처, 나의 모든 것들이 찰나에 불과함을 깨달았다. 저 푸른 빙하의 시간이 억겁이라면, 나의 고통은 한 줌의 눈송이에 불과했다.

세상의 끝, 우수아이아에 서서 나는 남극을 향해 부는 바람을 맞았다. 더 이상 나아갈 땅이 없는 곳. 그곳에서 나는 비로소, 내가 도망쳐온 서울을, 레테의 강 저편에 두고 온 나의 집을 떠올렸다. 망각의 끝에서, 나는 가장 선명한 기억과 마주했다. 도망쳐온 것이 아니라, 돌아가기 위해 떠나왔음을 깨달았다.

3부 귀환의 서곡, 삼바의 열기

부에노스아이레스, 이과수, 그리고 리우: 인간의 열기 속으로

파타고니아의 적막을 뒤로하고 도착한 부에노스아이레스는 다시 인간의 도시였다. 라 보카의 다채로운 색감과 탱고의 관능적인 선율 속에서, 나는 다시 사람들과 뒤섞였다. 두툼한 아사도 스테이크와 말벡 와인 한 잔은, 지독했던 여정의 피로를 녹여주는 달콤한 위로였다. 탱고를 추는 남녀의 얽히고설킨 스텝 속에서, 나는 인간관계의 애증과 슬픔, 그리고 그럼에도 불구하고 서로를 끌어안는 열정을 보았다.

브라질로 넘어가 만난 이과수 폭포는 거대한 생명의 찬가였다. '악마의 목구멍'으로 쏟아져 내리는 어마어마한 물줄기와 그 물보라 속에서 피어나는 무지개를 보며, 나는 추락이 언제나 끝이 아님을, 그 끝에서 새로운 시작이 태어날 수 있음을 보았다. 내 인생의 가장 큰 추락이라 여겼던 그 순간이, 어쩌면 이 거대한 폭포수처럼 나를 더 큰 바다로 이끌기 위한 과정이었을지도 모른다.

그리고 마침내, 마지막 여정지인 리우데자네이루.
도착한 날은 마침, 그 유명한 삼바 축제의 마지막 날이었다. 피곤했지만 놓칠 수 없었다. 삼보드로무로 향하는 길은 끔찍한 정체로 거북이걸음을 했고, 우버 기사는 추가 요금을 요구했다. 칠흑 같은 어둠 속, 악명 높은 파벨라 근처에서 실랑이를 벌이다가, 나는 10달러를 더 쥐어주며 말했다. "당신은 최고의 기사다. 우리는 함께 이 축제를 즐겨야 한다." 그 역시 내 '깡'을 알아본 것일까. 그는 웃으며 나를 공연장 앞에 내려주었다.

밤새도록 이어진 축제의 열기는 상상 이상이었다. 화려한 의상과 거대한 조형물, 그리고 도시 전체를 뒤흔드는 삼바 리듬 속에서, 사람들은 인종도, 나이도, 빈부도 잊은 채 하나가 되어 춤을 추고 노래했다. 그 원초적인 에너지의 소용돌이 속에서, 나는 마흔일곱의 나를, 가장이라는 무거운 짐을, 망각을 위해 떠나왔다는 사실마저 잊고, 그저 땀 흘리며 춤을 추었다. 코르코바두 언덕 위 예수상이, 그 모든 소란을 말없이 내려다보고 있었다.

레테의 강을 건너 망각을 꿈꾸던 나는, 결국 아무것도 잊지 못했다. 대신, 더 크고 강력한 기억들로 내 삶의 지도를 다시 그렸다. 나는 이제 돌아갈 것이다. 새로운 지도를 들고, 나의 집으로. 낡은 외투를 다시 입더라도, 이제 그 무게를 견뎌낼 단단한 어깨를 가졌으므로.